마법의 사자소학 따라 쓰기 ②

생각디딤돌 창작교실 엮음

생각디딤돌

차례

《사자소학 따라 쓰기》로
예의 바르고
올바른 내가 되겠어!

하루 2장의 기적!
사자소학 완전 정복 홈스쿨링
읽고 쓰면서 사자소학 정복하기!

어린이의 첫 공부 시작인 사자소학!

『사자소학』은 중국 송나라의 유학자 주희가 지은 『소학(小學)』을 바탕으로 어린이에게 한자를 가르치기 위해 엮은 책입니다. 우리나라에서는 조선시대부터 배우기 시작했습니다. 보통 여덟 살 무렵부터 배우기 시작했는데 더 어려서부터 배우기도 했습니다. 천자문과 같이 처음으로 배우는 책이었습니다. 그러니까 지금으로 치면 초등학교 입학해서 처음 배우는 교과서인 셈입니다. 네 글자가 한 구절을 이루고 있어 운율에 맞춰 소리 내어 읽기에도 좋았고, 대부분 실생활과 깊이 관련된 내용이라서 어린이들의 생활 교본으로 삼았습니다.

사자소학으로 바른 인성 키우기!

『사자소학』은 부모와 자식, 형과 아우, 스승과 제자, 어른과 아이, 친구, 자신 등 주변의 여러 관계에서 어떻게 행동해야 옳고 그른지를 알려주는 기초 교양서이자 철학서입니다. 나이가 어릴수록 어떤 행동이 올바른지, 예의에 어긋나지 않는지 판단을 잘 못 합니다. 그런 것들은 부모의 교육이나 주변 교육을 통해 배우고 익힐 수 있습니다. 사람이 본질적으로 갖춰야 할 도리나 예절은 옛날이나 지금이나 변하지 않았습니다. 그 가장 기초적인 생활 규범을 사자소학을 통해 배우고 익히는 것은 아주 중요한 일입니다.

모든 교과 학습의 시작인 글자 바로 쓰기!

스마트폰이 보급되고 멀티미디어 교육 환경이 갖추어지면서 글씨를 쓰는 일이 많이 줄어들고, 컴퓨터 키보드나 스마트폰 터치를 통한 타이핑이 더 익숙해졌습니다. 하지만 바른 글씨체 쓰기는 학교, 사회생활에서 가장 중요한 부분입니다. 『사자소학 따라 쓰기』는 한자와 한글을 따라 쓸 수 있게 해서 바른 글씨체를 배우고 익힐 수 있도록 꾸몄습니다. 또한 아이들이 흥미와 재미를 느낄 수 있도록 재미있는 만화를 실었습니다. 마지막으로 사자소학 구절에 맞는 질문으로 나의 바른 행동과 생활을 일기처럼 기록할 수 있게 했습니다.

짧은 글이라도 매일 써 보는 훈련의 필요성!

어린이들이 글쓰기를 즐기게 하려면 제일 먼저 해야 할 일이 '원고지 만만하게 보기'입니다. 어떤 글이든 빨간 펜으로 잘못된 곳을 일일이 교정해 주기보다는 칭찬을 먼저 해 준다면 '원고지 만만하게 보기'는 아주 쉽게 해결될 것입니다. 『사자소학 따라 쓰기』는 내용에 맞는 질문으로 글짓기를 할 수 있게 해서 어린이들이 글쓰기를 두려워하기보다는 '쉽고 만만한' 재미있는 놀이로 여길 수 있도록 했습니다.

사사여친 필공필경

事師如親　必恭必敬

스승을 어버이처럼 섬기며 반드시 공경하고 반드시 공손하라는 뜻
"오늘은 어버이날인데 왜 선생님 가슴에 카네이션을 달아 드렸어?"
"선생님도 부모님만큼 고마운 분이야. 나를 항상 잘 이끌어 주시잖아."

事	師	如	親	必	恭	必	敬
섬길 사	스승 사	같을 여	친할 친	반드시 필	공손할 공	반드시 필	공경 경
스승을 어버이처럼 섬기며				반드시 공경하고 반드시 공손하라.			

소리 내어 읽으면서 바르게 따라 써 볼까요?

事	師	如	親	必	恭	必	敬
섬길 사	스승 사	같을 여	친할 친	반드시 필	공손할 공	반드시 필	공경 경

아래 칸에 바르게 써 볼까요?

	스	승	을		어	버	이	처	럼		섬	기	며
반	드	시		공	경	하	고		반	드	시		공	손
하	라	.											

 가장 기억에 남는 선생님은 어느 분이셨고, 왜 기억에 남나요?

 가장 기억에 남는 그 선생님께 편지를 써 보세요.

선생시교　제자시칙
先生施教　弟子是則

스승이 가르침을 베풀어 주시면 제자들은 이것을 본받아야 한다는 뜻
"너는 선생님 말씀이라면 무조건 따르는구나."
"선생님은 우리를 항상 옳은 길로 이끌어 주시잖아. 우리 부모님처럼."

先	生	施	教
먼저 선	날 생	베풀 시	가르칠 교
스승이 가르침을 베풀어 주시면			

弟	子	是	則
아우 제	아들 자	이 시	본받을 칙
제자들은 이것을 본받아야 한다.			

 **소리 내어 읽으면서 바르게 따라 써 볼까요?**

先	生	施	教
먼저 선	날 생	베풀 시	가르칠 교

弟	子	是	則
아우 제	아들 자	이 시	본받을 칙

아래 칸에 바르게 써 볼까요?

	스	승	이		가	르	침	을		베	풀	어		주
시	면		제	자	들	은		이	것	을		본	받	아
야		한	다	.										

숙흥야매 물라독서

夙興夜寐 勿懶讀書

일찍 일어나고 밤늦게 자면서 책 읽기를 게을리하지 말라는 뜻

"아침에 일어나서 삼십 분씩 독서를 했더니 책 읽기가 엄청 재미있어졌어요."
"아주 좋은 습관을 길렀구나. 훌륭한 인물일수록 책을 많이 읽었단다."

夙	興	夜	寐
일찍 숙	일어날 흥	밤 야	잠잘 매
일찍 일어나고 밤늦게 자면서			

勿	懶	讀	書
말 물	게으를 라	읽을 독	쓸 서
책 읽기를 게을리하지 말라.			

소리 내어 읽으면서 바르게 따라 써 볼까요?

夙	興	夜	寐	勿	懶	讀	書
일찍 숙	일어날 흥	밤 야	잠잘 매	말 물	게으를 라	읽을 독	쓸 서

아래 칸에 바르게 써 볼까요?

	일	찍		일	어	나	고		밤	늦	게		자	면
서		책		읽	기	를		게	을	리	하	지		말
라	.													

가장 기억에 남는 책은 무엇인가요? 어떤 대목이 기억에 남나요?

책을 싫어하는 친구가 있나요? 그 친구는 책 대신 무엇을 좋아하나요?

11

근면공부 부모열지

勤勉工夫 父母悅之

공부에 부지런히 힘쓰면 부모님께서 기뻐하신다는 뜻

"네가 공부를 열심히 하니까 네 동생도 따라서 공부에 재미를 붙이는구나."
"영어 박사가 돼서 나중에 아빠 엄마 모시고 세계 여행 가는 게 제 꿈이에요."

勤	勉	工	夫
부지런할 근	힘쓸 면	장인 공	지아비 부
공부에 부지런히 힘쓰면			

父	母	悅	之
아버지 부	어머니 모	기쁠 열	갈 지
부모님께서 기뻐하신다.			

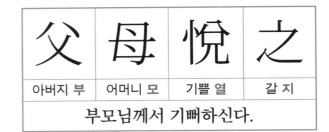

소리 내어 읽으면서 바르게 따라 써 볼까요?

勤	勉	工	夫	父	母	悅	之
부지런할 근	힘쓸 면	장인 공	지아비 부	아버지 부	어머니 모	기쁠 열	갈 지

아래 칸에 바르게 써 볼까요?

	공	부	에		부	지	런	히		힘	쓰	면		부
모	님	께	서		기	뻐	하	신	다	.				

 공부만큼 열심히 하고 싶은 것이 있나요? 그것이 무엇인가요?

능지능행 총시사공
能知能行　摠是師功

알 수 있고 행(행동)할 수 있는 것은 모두 스승의 공이다는 뜻

"너는 축구에 별로 관심 없었잖아. 근데 요즘 왜 그렇게 축구를 열심히 해?"
"선생님 덕분에 내가 축구 실력이 좋다는 걸 알았거든."

能	知	能	行
능할 능	알 지	능할 능	다닐 행
알 수 있고 행할 수 있는 것은			

摠	是	師	功
다 총	옳을 시	스승 사	공 공
모두 스승의 공이다.			

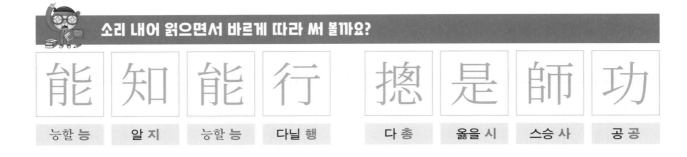

소리 내어 읽으면서 바르게 따라 써 볼까요?

能	知	能	行	摠	是	師	功
능할 능	알 지	능할 능	다닐 행	다 총	옳을 시	스승 사	공 공

아래 칸에 바르게 써 볼까요?

알	수	있고	행할	수	있는 ∨
것은	모두	스승의	공이다.		

 선생님 말씀을 따라 했을 뿐인데 좋은 일이 있었나요? 어떤 일인가요?

내가 만약 훗날 선생님이 된다면 어떤 선생님이 되고 싶은가요?

아경인친 인경아친

我敬人親　人敬我親

내가 남의 어버이를 공경하면 남이 내 어버이를 공경한다는 뜻
"어머나, 현호야! 멀리 떨어져 있는데도 나를 알아보고 인사하러 오다니!"
"철호도 우리 부모님 만나면 얼른 뛰어와서 큰소리로 인사하거든요."

我	敬	人	親
나 아	공경 경	사람 인	친할 친
내가 남의 어버이를 공경하면			

人	敬	我	親
사람 인	공경 경	나 아	친할 친
남이 내 어버이를 공경한다.			

소리 내어 읽으면서 바르게 따라 써 볼까요?

我	敬	人	親
나 아	공경 경	사람 인	친할 친

人	敬	我	親
사람 인	공경 경	나 아	친할 친

아래 칸에 바르게 써 볼까요?

	내	가		남	의		어	버	이	를		공	경	하
면		남	이		내		어	버	이	를		공	경	한
다	.													

 친구들이 우리 부모님께 깍듯이 인사를 하면 어떤 기분이 되나요?

 혹시 길거리에서 친구 부모님을 못 본 척한 적이 있나요? 왜 그랬나요?

인지재세 불가무우
人之在世 不可無友

사람이 세상을 살아가는데 친구가 없을 수 없다는 뜻
"엊그제 전학 와서 친구가 없어. 친구를 한 명도 못 사귀면 어떻게 하지?"
"걱정할 것 없어. 네가 먼저 다가가면 애들이 너를 친구로 받아줄 거야."

人	之	在	世
사람 인	갈 지	있을 재	인간 세

사람이 세상을 살아가는데

不	可	無	友
아닐 불	옳을 가	없을 무	벗 우

친구가 없을 수 없다.

소리 내어 읽으면서 바르게 따라 써 볼까요?

人	之	在	世	不	可	無	友
사람 인	갈 지	있을 재	인간 세	아닐 불	옳을 가	없을 무	벗 우

아래 칸에 바르게 써 볼까요?

	사	람	이		세	상	을		살	아	가	는	데
친	구	가		없	을		수		없	다	.		

 친구 중에 어떤 친구와 가장 많이 어울리나요? 그 친구의 어떤 점이 좋은가요?

 만약에 사귀고 싶은 친구가 있다면 어떻게 다가가면 친해질 수 있을까요?

우기정인 아역자정
友其正人 我亦自正

바른 사람과 친구가 되면 나 또한 스스로 바르게 된다는 뜻
"난 학원이 싫었는데 네가 열심히 다니니까 이젠 나도 재미있어졌어."
"다행이다. 네가 열심히 다니니까 나도 학원 공부가 더 재미있어졌어."

友	其	正	人
벗 우	그 기	바를 정	사람 인
바른 사람과 친구가 되면			

我	亦	自	正
나 아	또 역	스스로 자	바를 정
나 또한 스스로 바르게 된다.			

소리 내어 읽으면서 바르게 따라 써 볼까요?

友	其	正	人
벗 우	그 기	바를 정	사람 인

我	亦	自	正
나 아	또 역	스스로 자	바를 정

아래 칸에 바르게 써 볼까요?

	바	른		사	람	과		친	구	가		되	면
나		또	한		스	스	로		바	르	게		된	다

 거짓말쟁이 친구가 있다면 무슨 말로 타일러줄까요?

_____

_____

 나에게 좋은 습관을 갖게 해준 친구가 있나요? 어떤 습관인가요?

_____

_____

종유사인 아역자사
從遊邪人　我亦自邪

간사한 사람을 따라서 놀면 나 또한 스스로 간사해진다는 뜻
"규민이가 안 그랬는데 요즘은 선생님 앞에서만 친절한 척 행동해."
"수아하고 놀면서부터 그래. 수아는 공부 못하는 애는 엄청 무시하잖아."

從	遊	邪	人
좇을 종	놀 유	간사할 사	사람 인
간사한 사람을 따라서 놀면			

我	亦	自	邪
나 아	또 역	스스로 자	간사할 사
나 또한 스스로 간사해진다.			

소리 내어 읽으면서 바르게 따라 써 볼까요?

從	遊	邪	人
좇을 종	놀 유	간사할 사	사람 인

我	亦	自	邪
나 아	또 역	스스로 자	간사할 사

아래 칸에 바르게 써 볼까요?

	간	사	한		사	람	을		따	라	서		놀	면	∨
나		또	한		스	스	로		간	사	해	진	다	.	

 누군가를 왕따시키는 친구가 있나요? 여러분은 왕따 당하는 친구를 어떻게 대하나요?

 누군가를 왕따시키는 아이가 내 친구라면 여러분은 그 아이한테 뭐라고 말하고 싶은가요?

거필택린 취필유덕
居必擇鄰　就必有德

사는 곳은 반드시 이웃을 가리고 반드시 덕 있는 사람에게로 가라는 뜻
"옆집 할머니께서 항상 먼저 인사를 건네니까 저도 인사를 더 잘하게 돼요."
"동네 사람 모두 본척만척하고 살았는데 할머니 덕분에 모두 친해졌어."

居	必	擇	鄰
살 거	반드시 필	가릴 택	이웃 린

사는 곳은 반드시 이웃을 가리고

就	必	有	德
나아갈 취	반드시 필	있을 유	덕 덕

반드시 덕 있는 사람에게로 가라.

소리 내어 읽으면서 바르게 따라 써 볼까요?

居	必	擇	鄰	就	必	有	德
살 거	반드시 필	가릴 택	이웃 린	나아갈 취	반드시 필	있을 유	덕 덕

아래 칸에 바르게 써 볼까요?

	사	는		곳	은		반	드	시		이	웃	을	
가	리	고		반	드	시		덕		있	는		사	람
에	게	로		가	라	.								

 가까이 지내는 이웃이 있나요? 그 이웃의 어떤 점을 배우고 싶은가요?

 그동안 주변 사람 중에 누가 가장 인상 깊었으며 이유는 무엇인가요?

붕우유과 충고선도
朋友有過　忠告善導

친구에게 잘못이 있거든 충고하여 착하게 이끌어야 한다는 뜻
"나는 잘난 척하는 정아가 정말 싫어서 왕따시키는데 왜 네가 막는 거야?"
"네가 친구들한테 왕따 당하면 기분 좋아? 모두 사이좋게 놀았으면 좋겠어."

朋	友	有	過
벗 붕	벗 우	있을 유	지날 과

친구에게 잘못이 있거든

忠	告	善	導
충성 충	알릴 고	착할 선	이끌 도

충고하여 착하게 이끌어야 한다.

소리 내어 읽으면서 바르게 따라 써 볼까요?

朋	友	有	過	忠	告	善	導
벗 붕	벗 우	있을 유	지날 과	충성 충	알릴 고	착할 선	이끌 도

아래 칸에 바르게 써 볼까요?

친	구	에	게		잘	못	이		있	거	든		충
고	하	여		착	하	게		이	끌	어	야		한	다

27

택이교지 유소보익
擇而交之 有所補益

친구를 가려서 사귀면 도움과 유익함이 있다는 뜻
"예전에는 틈만 나면 게임하고 놀더니 요즘은 도서관에 가서 사는구나."
"새로 사귄 친구가 도서관을 좋아해요 그 친구랑 도서관에 가면 재미있어요."

擇	而	交	之
가릴 택	말 이을 이	사귈 교	갈 지

친구를 가려서 사귀면

有	所	補	益
있을 유	바 소	도울 보	더할 익

도움과 유익함이 있다.

소리 내어 읽으면서 바르게 따라 써 볼까요?

擇	而	交	之	有	所	補	益
가릴 택	말 이을 이	사귈 교	갈 지	있을 유	바 소	도울 보	더할 익

아래 칸에 바르게 써 볼까요?

	친	구	를		가	려	서		사	귀	면		도	움
과		유	익	함	이		있	다	.					

 친구 덕분에 기분 좋았던 일 중 가장 기억에 남는 것은 무엇인가요?

 내가 친구를 위해 한 일 중에 가장 기억에 남는 일은 무엇인가요?

불택이교 반유해의
不擇而交　反有害矣

친구를 가리지 않고 사귀면 도리어 해가 있다는 뜻

"맨날 게임만 하고 노는 애와 친하게 지냈더니 공부가 싫어졌어요."
"그랬구나. 그럼 그 친구한테 게임은 가끔씩만 하자고 말해 보면 어떨까?"

不	擇	而	交	反	有	害	矣
아니 불	가릴 택	말 이을 이	사귈 교	되돌릴 반	있을 유	해칠 해	어조사 의
친구를 가리지 않고 사귀면				도리어 해가 있다.			

소리 내어 읽으면서 바르게 따라 써 볼까요?

不	擇	而	交	反	有	害	矣
아니 불	가릴 택	말 이을 이	사귈 교	되돌릴 반	있을 유	해칠 해	어조사 의

아래 칸에 바르게 써 볼까요?

	친	구	를		가	리	지		않	고		사	귀	면	∨
도	리	어		해	가		있	다	.						

 친구 때문에 좋았던 일과 안 좋았던 일 한 가지씩 써 볼까요?

 좋은 친구와 사귀어야 할 이유 몇 가지를 써 볼까요?

백사재니 불염자오
白沙在泥　不染自汚

흰모래가 진흙에 있으면 물들이지 않아도 저절로 더러워진다는 뜻
"계곡에서 돌멩이를 주워 왔는데 진흙이 잔뜩 묻어서 버렸어요."
"그래서 사람도 착한 친구, 나쁜 친구를 가릴 줄 알아야 한단다."

白	沙	在	泥
흰 백	모래 사	있을 재	진흙 니
흰모래가 진흙에 있으면			

不	染	自	汚
아닐 불	물들일 염	스스로 자	더러울 오
물들이지 않아도 저절로 더러워진다.			

소리 내어 읽으면서 바르게 따라 써 볼까요?

白	沙	在	泥	不	染	自	汚
흰 백	모래 사	있을 재	진흙 니	아닐 불	물들일 염	스스로 자	더러울 오

아래 칸에 바르게 써 볼까요?

	흰	모	래	가		진	흙	에		있	으	면		물
들	이	지		않	아	도		저	절	로		더	러	워
진	다	.												

 쉽게 거짓말을 하고 나쁜 짓을 하는 친구를 보면 어떤 생각이 드나요?

 내 친구의 좋은 습관은 무엇인가요? 친구의 좋은 습관을 적어볼까요?

인무책우 이함불의
人無責友　易陷不義

사람은 꾸짖어 줄 친구가 없으면 옳지 않은 일에 빠지기 쉽다는 뜻

"거짓말하고 학원에 안 갔는데 친구가 잘했다고 해서 정말 그런 줄 알았어."

"나는 네가 많이 아픈 줄 알았어. 앞으로는 나랑 같이 학원 열심히 다니자."

人	無	責	友
사람 인	없을 무	꾸짖을 책	벗 우

사람은 꾸짖어 줄 친구가 없으면

易	陷	不	義
쉬울 이	빠질 함	아닐 불	옳을 의

옳지 않은 일에 빠지기 쉽다.

소리 내어 읽으면서 바르게 따라 써 볼까요?

人	無	責	友	易	陷	不	義
사람 인	없을 무	꾸짖을 책	벗 우	쉬울 이	빠질 함	아닐 불	옳을 의

아래 칸에 바르게 써 볼까요?

	사	람	은		꾸	짖	어		줄		친	구	가	
없	으	면		옳	지		않	은		일	에		빠	지
기		쉽	다	.										

 친구가 내 잘못을 타일러준 적이 있었나요? 어떤 일이었나요?

 친구가 남의 물건을 훔쳤다면 여러분은 뭐라고 타이를까요?

면찬아선 첨유지인
面讚我善 諂諛之人

앞에서 나를 착하다고 칭찬하는 사람은 아첨하는 사람이다는 뜻

"저는 지나치게 칭찬하는 친구와 진심으로 칭찬해 주는 친구가 있어요."
"진심으로 칭찬하는 친구가 있어서 다행이다. 칭찬이 다 나쁜 것은 아냐."

面	讚	我	善
얼굴 면	기릴 찬	나 아	착할 선

앞에서 나를 착하다고 칭찬하는 사람은

諂	諛	之	人
아첨할 첨	아첨할 유	갈 지	사람 인

아첨하는 사람이다.

소리 내어 읽으면서 바르게 따라 써 볼까요?

面	讚	我	善	諂	諛	之	人
얼굴 면	기릴 찬	나 아	착할 선	아첨할 첨	아첨할 유	갈 지	사람 인

아래 칸에 바르게 써 볼까요?

	앞	에	서		나	를		착	하	다	고		칭	찬
하	는		사	람	은		아	첨	하	는		사	람	이
다	.													

37

언이불신 비직지우
言而不信　非直之友

말을 할 때 믿음이 없으면 정직하지 않은 친구다는 뜻

"네가 학교에 같이 가자고 해서 기다렸는데 그런 적 없다고 하면 어떻게 해?"
"나는 그냥 한 말인데 진짜로 알아들었어? 다음부터는 지킬 약속만 할게."

言	而	不	信
말씀 언	말 이을 이	아닐 불	믿을 신

말을 할 때 믿음이 없으면

非	直	之	友
아닐 비	곧을 직	갈 지	벗 우

정직하지 않은 친구다.

소리 내어 읽으면서 바르게 따라 써 볼까요?

言	而	不	信
말씀 언	말 이을 이	아닐 불	믿을 신

非	直	之	友
아닐 비	곧을 직	갈 지	벗 우

아래 칸에 바르게 써 볼까요?

말	을		할		때		믿	음	이		없	으	면	∨
정	직	하	지		않	은		친	구	다	.			

 아무 생각 없이 한 말 때문에 친구가 화낸 적이 있나요? 어떤 일이었나요?

행필정직 언즉신실
行必正直　言則信實

행동은 반드시 바르고 곧게 하고 말은 미덥고 성실하게 하라는 뜻
"의자에 반듯이 앉아 책을 읽으면 머릿속으로 쏙쏙 들어오는 것 같아요."
"기특하네. 항상 말과 행동이 반듯한 사람을 보면 누구나 본받고 싶지."

行	必	正	直
행할 행	반드시 필	바를 정	곧을 직

행동은 반드시 바르고 곧게 하고

言	則	信	實
말씀 언	곧 즉	믿을 신	열매 실

말은 미덥고 성실하게 하라.

 소리 내어 읽으면서 바르게 따라 써 볼까요?

行	必	正	直	言	則	信	實
행할 행	반드시 필	바를 정	곧을 직	말씀 언	곧 즉	믿을 신	열매 실

 아래 칸에 바르게 써 볼까요?

	행	동	은		반	드	시		바	르	고		곧	게	∨
하	고		말	은		미	덥	고		성	실	하	게		
하	라	.													

 나는 친구들에게 어떤 친구인가요? 장점은 무엇이고 단점은 무엇일까요?

 친구 중에 누가 가장 진실한가요? 친구의 어떤 점을 본받고 싶은가요?

용모단정 의관정제
容貌端正 衣冠整齊

용모(얼굴)를 단정하게 하며 의관(옷차림)을 바르고 가지런하게 하라는 뜻
"너는 비싼 옷은 아니지만 늘 깨끗하고 단정하게 입으니까 참 보기 좋아."
"엄마가 비싼 옷보다 깨끗하고 단정한 옷이 백 배 낫다고 말씀하셨거든요."

容	貌	端	正	衣	冠	整	齊
얼굴 용	모양 모	바를 단	바를 정	옷 의	갓 관	가지런할 정	가지런할 제
용모를 단정하게 하며				의관을 바르고 가지런하게 하라.			

소리 내어 읽으면서 바르게 따라 써 볼까요?

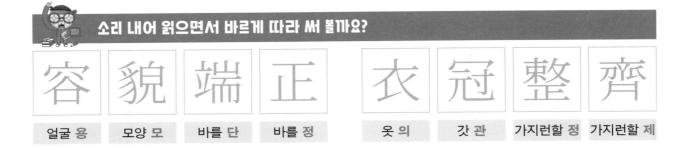

容	貌	端	正	衣	冠	整	齊
얼굴 용	모양 모	바를 단	바를 정	옷 의	갓 관	가지런할 정	가지런할 제

아래 칸에 바르게 써 볼까요?

	용	모	를		단	정	하	게		하	며		의	관
을		바	르	고		가	지	런	하	게		하	라	.

 얼굴과 옷이 항상 단정한 친구를 보면 어떤 생각이 드나요?

 나는 단정한 모습이 좋은가요? 화려한 모습이 좋은가요? 이유는 무엇일까요?

계명이기 필관필수
鷄鳴而起　必盥必漱

닭이 우는 새벽에 일어나서 반드시 세수하고 양치질을 하라는 뜻
"일찍 일어나 운동하고 책을 읽으니까 하루를 더 알차게 보낼 수 있어요."
"늦게 일어나면 허둥지둥 학교 갈 준비하느라 아무것도 못 하잖아."

鷄	鳴	而	起
닭 계	울 명	말 이을 이	일어날 기
닭이 우는 새벽에 일어나서			

必	盥	必	漱
반드시 필	대야 관	반드시 필	양치질할 수
반드시 세수하고 양치질을 하라.			

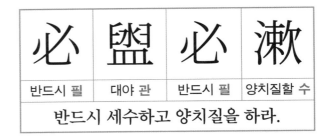

소리 내어 읽으면서 바르게 따라 써 볼까요?

鷄	鳴	而	起	必	盥	必	漱
닭 계	울 명	말 이을 이	일어날 기	반드시 필	대야 관	반드시 필	양치질할 수

아래 칸에 바르게 써 볼까요?

	닭	이		우	는		새	벽	에		일	어	나	서	∨
반	드	시		세	수	하	고		양	치	질	을		하	
라	.														

언어필신 거처필공
言語必愼　居處必恭

말은 언제나 삼가고 거처(일정하게 자리를 잡고 사는 일)**는 반드시 공손히 하라**는 뜻
"넌 나이도 어린데 항상 공손하고, 주변 정리 정돈도 정말 잘하는구나."
"말을 함부로 하거나 주변을 지저분하게 하면 남에게 피해를 주잖아요."

言	語	必	愼	居	處	必	恭
말씀 언	말씀 어	반드시 필	삼갈 신	있을 거	살 처	반드시 필	공손할 공
말은 언제나 삼가고				거처는 반드시 공손히 하라.			

소리 내어 읽으면서 바르게 따라 써 볼까요?

言	語	必	愼	居	處	必	恭
말씀 언	말씀 어	반드시 필	삼갈 신	있을 거	살 처	반드시 필	공손할 공

아래 칸에 바르게 써 볼까요?

	말	은		언	제	나		삼	가	고		거	처	는	∨
반	드	시		공	손	히		하	라	.					

 할 필요가 없는 말을 함부로 하는 사람을 보면 어떤 생각이 드나요?

 방을 스스로 청소하고 정리하나요? 정리 정돈이 왜 필요할까요?

비례물시 비례물청

非禮勿視　非禮勿聽

예(본보기)**가 아니면 보지 말며 예가 아니면 듣지 말라**는 뜻

"네가 좋은 본보기를 보이니까 친구들도 따라서 예의 바르게 행동하는구나."
"아네요. 친구들이 항상 예의 바르게 행동하니까 저도 따라 배우게 돼요."

非	禮	勿	視
아닐 비	예도 례	말 물	볼 시
예가 아니면 보지 말며			

非	禮	勿	聽
아닐 비	예도 례	말 물	들을 청
예가 아니면 듣지 말라.			

소리 내어 읽으면서 바르게 따라 써 볼까요?

非	禮	勿	視
아닐 비	예도 례	말 물	볼 시

非	禮	勿	聽
아닐 비	예도 례	말 물	들을 청

아래 칸에 바르게 써 볼까요?

	예	가	아	니	면	보	지	말	며	예
가	아	니	면	듣	지	말	라	.		

 남에게 버릇없이 행동하는 사람을 보면 어떤 생각이 드나요?

 맞장구를 치며 남 흉을 보는 친구들이 있다면 어떤 말을 하고 싶나요?

비례물언 비례물동

非禮勿言　非禮勿動

예가 아니면 말하지 말고 예가 아니면 움직이지 말라는 뜻

"친구들이 남의 집 초인종을 누르고 도망치자고 해서 따라 했다가 걸렸어요."
"그런 말을 한 친구도 나쁘고, 말리기는커녕 같이 행동을 한 너는 더 나빠."

非	禮	勿	言
아닐 비	예도 례	말 물	말씀 언
예가 아니면 말하지 말고			

非	禮	勿	動
아닐 비	예도 례	말 물	움직일 동
예가 아니면 움직이지 말라.			

소리 내어 읽으면서 바르게 따라 써 볼까요?

非	禮	勿	言
아닐 비	예도 례	말 물	말씀 언

非	禮	勿	動
아닐 비	예도 례	말 물	움직일 동

아래 칸에 바르게 써 볼까요?

	예	가	아	니	면	말	하	지	말	고
예	가	아	니	면	움	직	이	지	말	라.

 자기 맘에 안 들면 화부터 내는 사람을 보면 어떤 생각이 드나요?

 남에게 실수를 했거나 잘못을 저질렀을 때는 어떻게 하나요?

작사모시 출언고행
作事謀始 出言顧行

일을 시작할 때는 잘 계획하고 말을 할 때는 행동을 돌아보라는 뜻
"피아노 학원이 가고 싶다고 해서 보내줬더니 정말 열심히 하는구나."
"친구들이 다녀서 그런 건 아녜요. 오랫동안 생각해 보고 결정했거든요."

作	事	謀	始
지을 작	일 사	꾀 모	처음 시
일을 시작할 때는 잘 계획하고			

出	言	顧	行
날 출	말씀 언	돌아볼 고	갈 행
말을 할 때는 행동을 돌아보라.			

소리 내어 읽으면서 바르게 따라 써 볼까요?

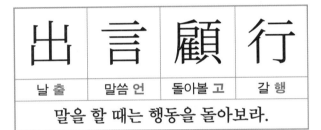

作	事	謀	始	出	言	顧	行
지을 작	일 사	꾀 모	처음 시	날 출	말씀 언	돌아볼 고	갈 행

아래 칸에 바르게 써 볼까요?

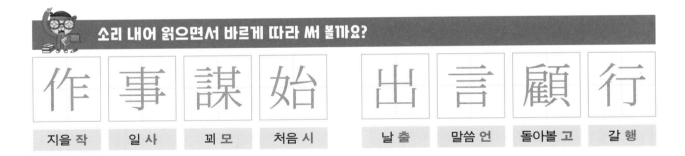

일	을		시	작	할		때	는		잘		계	획
하	고		말	을		할		때	는		행	동	을
돌	아	보	라	.									

손인리기 종시자해
損人利己 終是自害

남을 손해 보게 하고 자신을 이롭게 하면 결국은 자신을 해롭게 한다는 뜻
"언니가 아끼는 인형을 망가뜨렸으니, 언니가 주는 벌도 당연히 받아야지."
"잠깐 갖고 놀았는데 망가졌어요. 그래도 일주일이나 방 청소를 해야 해요?"

損	人	利	己
덜 손	사람 인	이로울 리	자기 기
남을 손해 보게 하고 자신을 이롭게 하면			

終	是	自	害
마칠 종	옳을 시	스스로 자	해칠 해
결국은 자신을 해롭게 한다.			

소리 내어 읽으면서 바르게 따라 써 볼까요?

損	人	利	己	終	是	自	害
덜 손	사람 인	이로울 리	자기 기	마칠 종	옳을 시	스스로 자	해칠 해

아래 칸에 바르게 써 볼까요?

남	을		손	해		보	게		하	고		자	신
을		이	롭	게		하	면		결	국	은		자	신
을		해	롭	게		한	다	.					

독서근검 기가지본
讀書勤儉 起家之本

책을 읽으며 부지런하고 검소한 것이 집안을 일으키는 근본이다는 뜻
"넌 공부를 열심히 하는구나. 그런데다 뭐든 아끼려고 하다니, 대견하다."
"우리 집은 가난해서 아껴 써야 해요. 남보다 공부도 더 열심히 해야 하고요."

讀	書	勤	儉
읽을 독	쓸 서	부지런한 근	검소할 검

책을 읽으며 부지런하고 검소한 것이

起	家	之	本
일어날 기	집 가	갈 지	근본 본

집안을 일으키는 근본이다.

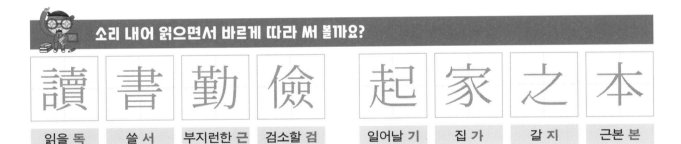

소리 내어 읽으면서 바르게 따라 써 볼까요?

讀	書	勤	儉	起	家	之	本
읽을 독	쓸 서	부지런한 근	검소할 검	일어날 기	집 가	갈 지	근본 본

아래 칸에 바르게 써 볼까요?

	책	을		읽	으	며		부	지	런	하	고		검
소	한		것	이		집	안	을		일	으	키	는	
근	본	이	다	.										

 하루에 어느 정도 독서를 하나요? 요즘 읽는 책의 제목이 무엇인가요?

 안 쓰는 전기 코드를 빼거나 분리수거를 잘하면 어떤 점이 좋을까요?

수신제가 치국지본

修身齊家 治國之本

자기 몸을 닦고 집안을 가지런히 하는 것은 나라를 다스리는 근본이다는 뜻
"올해 우리 집 목표는 우리 가족이 더 건강해지고 더 행복해지는 것!"
"우리 가족의 건강과 행복은 곧 우리나라 전체의 건강과 행복으로 이어져!"

修	身	齊	家
닦을 수	몸 신	가지런할 제	집 가
자기 몸을 닦고 집안을 가지런히 하는 것은			

治	國	之	本
다스릴 치	나라 국	갈 지	근본 본
나라를 다스리는 근본이다.			

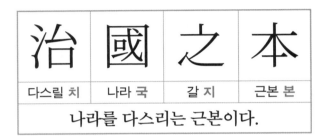

소리 내어 읽으면서 바르게 따라 써 볼까요?

修	身	齊	家	治	國	之	本
닦을 수	몸 신	가지런할 제	집 가	다스릴 치	나라 국	갈 지	근본 본

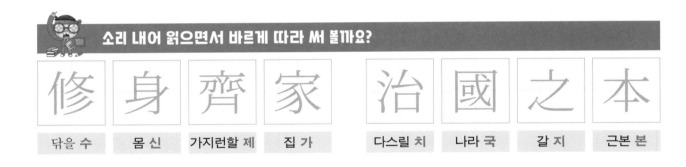

아래 칸에 바르게 써 볼까요?

	자	기		몸	을		닦	고		집	안	을		가
지	런	히		하	는		것	은		나	라	를		다
스	리	는		근	본	이	다	.						

 우리 가족이 좀 더 건강해지기 위해 무엇을 했으면 좋겠나요?

 최근에 우리 가족이 가장 행복했던 순간은 언제인가요?

적선지가 필유여경
積善之家 必有餘慶

착한 일을 쌓은 집에는 반드시 좋은 일이 생긴다는 뜻
"옆집 할머니가 아이스크림을 주셨어요. 제가 강아지 산책을 시켜줬거든요."
"네 덕분에 이웃하고 사이도 좋아지고 맛있는 아이스크림도 먹는구나."

積	善	之	家
쌓을 적	착할 선	갈 지	집 가

착한 일을 쌓은 집에는

必	有	餘	慶
반드시 필	있을 유	남을 여	경사 경

반드시 좋은 일이 생긴다.

소리 내어 읽으면서 바르게 따라 써 볼까요?

積	善	之	家	必	有	餘	慶
쌓을 적	착할 선	갈 지	집 가	반드시 필	있을 유	남을 여	경사 경

아래 칸에 바르게 써 볼까요?

착	한		일	을		쌓	은		집	에	는		반
드	시		좋	은		일	이		생	긴	다	.	

 내가 남을 위해 한 행동 중에 가장 착한 일이 무엇이었나요?

 내게 착한 일을 해준 사람이 있나요? 나는 어떻게 보답을 했나요?

기소불욕 물시어인
己所不欲　勿施於人

자신이 하고 싶지 않은 것을 남에게 베풀지 말라는 뜻
"화단 물 주기가 싫어서 동생한테 미뤘더니 동생이 꽃밭을 다 망가뜨렸어요."
"귀찮아도 네가 물을 줬다면 네가 아끼는 꽃들이 예쁘게 피었을 텐데."

己	所	不	欲
자기 기	바 소	아니 불	하고자 할 욕
자신이 하고 싶지 않은 것을			

勿	施	於	人
말 물	베풀 시	어조사 어	사람 인
남에게 베풀지 말라.			

소리 내어 읽으면서 바르게 따라 써 볼까요?

己	所	不	欲	勿	施	於	人
자기 기	바 소	아니 불	하고자 할 욕	말 물	베풀 시	어조사 어	사람 인

아래 칸에 바르게 써 볼까요?

자	신	이		하	고		싶	지		않	은		것
을		남	에	게		베	풀	지		말	라	.	

 내가 하기 싫은 일을 친구에게 미룬다면 친구는 어떤 생각을 할까요?

 하기 싫은 일을 힘을 합쳐 열심히 한 적이 있나요? 어떤 일이었나요?

생각디딤돌 창작교실 엮음
생각디딤돌 창작교실은 소설가, 동화작가, 시인, 수필가, 역사학자, 교수, 교사 들이 참여하는 창작 공간입니다.
주로 국내 창작 위주의 책을 기획하며 우리나라 어린이들이 외국의 정서에 앞서 우리 고유의 정서를 먼저 배우고 익히기를
소원하는 작가들의 모임입니다.
그동안『마법의 맞춤법 띄어쓰기(전8권)』『마법의 속담 따라 쓰기(전4권)』등을 출간했습니다.

마법의 사자소학 따라 쓰기 ②

초판 1쇄 발행 / 2022년 06월 15일
초판 1쇄 인쇄 / 2022년 06월 20일

엮은이 ── 생각디딤돌 창작교실
펴낸이 ── 이영애
펴낸곳 ── 도서출판 생각디딤돌
　　　　　　출판등록 2009년 3월 23일 제135-95-11702
　　　　　　전화 070-7690-2292　팩스 02-6280-2292

ISBN　978-89-93930-66-5(64710)
　　　　978-89-93930-64-1(세트)